Johdanto

Hellästi sieluani kosketa- kirjan runot on valinnut vuoden 2020 tuotannosta sisareni **Arja Laakkonen**.

Valinnassaan hän kertoo käyttäneensä sielun peiliä, joka heijastuu tehtyjen valintojen kautta.

Vuoden 2020 aikana kirjoitin kaikkiaan lähes 800 runoa, joista tehty kooste omaan käyttöön kantaa nimeä Viljalti sanoja tuhlaan. Siitä on tekeillä toinenkin teos, jossa valintaperuste muuttuu. Kirjan runot valitsee kirjailija **Leila Kastelli**.

Hausjärveltä tammikuussa 2021

Mauri Laakkonen

Kustantaja: BoD – Books on Demand, Helsinki, Suomi
Valmistaja: BoD – Books on Demand, Norderstedt, Saksa
ISBN: 9789528043362

Mauri Laakkonen

Hellästi
sieluani kosketa

runoja

Yksin

En uskaltanut
luoksesi tulla
vaikka kaipaus
veti mua puoleensa
sinua kohti

Vain ajatuksin siihen rohkenin
kuljin matkaa peninkulmin
tuntitolkulla ajatuksissa
yön pimeässä kaipasin
ja itkin

Aamulla aina yksin
uuden päivän kynnyksellä
sama arkuus jäytää kysymyksin
miksi en rohkene
kuin kaivata

Kaivata
aina yksin

Olen taas

Olen taas
eilisen ovella
ja kuikuilen menneeseen
jota ei ehtinyt tulla

Olen taas
turhautunut ja avuton
kun tilaisuus tehdä
ehti mennä, ohi on

Olen taas
tässä tänään
kuikuilemassa menneeseen
jota ei ehtinyt tulla

Kohtalo

Vääjäämätöntä
on kohdata kohtalo
ja kantaa sen jakama taakka
yksin tai yhdessä
nyt ja loppuun saakka

Kirkkaan taivaan
peittävät joskus pilvet
seilaten tuulten mukana
kuin ihmismieli
jonka liikkeitä ei aina voi ennakoida

Puhdistava itku
on kuin virkistävä sade
joka alkuun ikävästi kastelee
saa ihon viileäksi ja kananlihalle
kunnes lämpenee

Kärsivätkö ihmiset todella
vai rypevätkö itsesäälissä
kun mukavuuksien keskellä
on aikaa
muka-muka-tehtäviä luetella
ja esittää onnetonta

Varjot

Varjoani katson
iltaani kohti pitenevää, matkaa
jäljelle jäävää, on vaikea ennustaa

aamukasteessa kylpevä, sukeltaa
hyiseen veteen, pitää kotinaan
kaukokaipuuta, sanatonta ikävää

lapsuutensa maisemaan, kulkevat
askeleet, varjot mukanaan

Häikäisee valo, aamu valkenee
puhtaat kasvot, kalvenneet
muistot, vieraan kohdanneet

lempeät kosketukset, sulaa
sydän, täyteensä varjot raukeaa

Vasten multaa

Sanojen kultaa,
on sävelten kultamaille
matkalla
hopeahapsisten armeija

Virttyneet vanttuut
kauhtuneet takin liepeet
hajurako kohtuuton
venyttää joukossa etäisyyden

Ainot ja Reinot laahustaa
tupsut tossuissa suhistaa
aina vaan varhemmin
harvenee joukko kulkijoiden

Sinistä taivasta vasten
valkoinen
pilvilinna odottaa hetken
matkaa maallisten lasten

Sanojen kultaa
multaa vasten

Unelmista vapaa

Ovat lentäviä unelmat
kahleista vapaita
kuin pääskyset, jotka ohi viuhahtavat
ja aseista katsojan riisuvat

hämmästyksen pukuun pukevat
liidon kirmaa katsovat
unelmissaan kutevat haihattelijat
ne luulossa itseään isommat

olisiko sittenkin parempi
olla se hieman huonompi
pienempi parempi
kuin voitokas haaveksiva tolvana

Sillä puolen

Sillä puolen ei aurinko laske
se vain katoaa, ja
tuo harmaan tyyneyden tullessaan

Sillä puolen on aamun valo
tuore toivo muassaan
se herättää aina uudestaan

Sillä puolen
on kaikki se

Sillä puolen on rakkauden sydämet
sillä puolen on kaikki se
minkä tarvitset

Hyväile sanoillasi

Hyväile sanoillasi
kuuntele kevyt kuiskaukseni
anna se tuuleen matkalle
kurkottamaan korkealle
ja nähdä rikkaudessa kylpevä maailma
köyhien asuttama

Hellästi kosketa
älä aina vaadi ja edellytä
kulje lempeästi mukana
ymmärrä
  sisäistä
    elä oikea elämä
      se, jota ei tarvitse näytellä

Kujavalo

Elämäni kuja
kiitollisuuden kukkia täysi
   riemun liljoja valkoisina öinä
   punaisia ruusuja tuoksuja täynnä
   murattien vihreää tanssia puiden rungoilla
puukengät
   portaan pielessä, taloni edessä
   yksi ainoa lyhty odottamassa
että palaisin, takaisin
oven kotiin avaisin, sulkisin kuin kirjeen
suudelmin sinulle, jonka ikuisesti olen tuntenut
en koskaan tavannut
   valo elämän kujan päässä
   sammunut

Unelmoin

Runsaita ovat kiitokseni
sydämeni suuret laulut
pienin sävelin koristellut
hyminät, hyrinä hetkeksi laannut

Keveät ovat tunnelmat
ilon orsilta kerätyt aarteet
sanoiksi puettuina korskeat
kylläisinä kaatuneet

Vaan onneni onkin vaatimattomuus
rauha ja viihtyvä yksinäisyys
polut kankailla puiden alla
pehmeä sammal koettu istumalla

Se kaunis lintu katsoi kohti
uteliaasti mieleeni sadun loihti
ei laulaa osannut, kertoi vain
rääkäisi ja kavahti pois päin

Vaan jätti suloisen muiston
kuinka kauniit ovatkaan sulat
kuin piirretyt jumalten kuvat
Olympoksen vuorella juhlat

Viittani valkea pienin tahroin
putipuhtaaksi sateessa pesty
    piraroin
sataa kultaista unta, unelmoin

Yksi liikaa

Monessa on yksi liikaa

yltäkylläinen yksinäisyyden taakka

jolle ei löydy armahtajaa

kasvaa erakoiden armeija

asumassa yksin

yksiöissään

loppuun saakka

Tule päiväni

Yöni rappusilta portaat
vilun vintille vievät
uniin uivat valvekuvat
pikku erheiden vaiheet
sanoiksi soljuu ajatusten virta
puheeksi muotoutuu huulilta
on ilta

Yön rappusilla seison
viluisena kaipaan takkatulta
sähköpatterin kyljessä
muistan retkeni kummulta
kun ylös korkeuteen katsoin
sammuvat tähdet taivaalla
on aamu

Unohdun hetkiksi rapuille
yökasteen huurtamaan katson
sumuverhon takana arvoitus
päivän kajo vielä aavistus
vilu viiltää ihoni pintaa
jään hetkeksi kysymättä hintaa
tule jo päiväni

Asetu iloksi rintaan

Unelmista totta

Uneksun
uneksun ajasta menneestä
  sen oppiensa vuoksi
yrittämättä unohtaa se kipu
jota kasvu edellyttää
  on saavutus
saada nenilleen ja
  yrittää alusta uudelleen
malttia menettämättä

Uneksin
uneksin ajasta paremmasta
  kai huomasit
  etten luovuta
unelmaani tehdä todeksi
vaikka elämän taikina
  on sitko vaikea vaivata
saada nousuun suotuisaksi
  kypsyvään tilaansa
sopivaksi

Sen oppiensa vuoksi
on saavutus
yrittää alusta uudelleen
kai huomasit
etten luovuta
on sitko vaikea vaivata
kypsyvään tilaansa
sopivaksi

Kauneinta

Rumuuden ylistys olen
syntymäni jälkeen
kuolemani
jälkeen, kaunis kuin enkeli

Siroteltu tuhkani ravitsee
kedon kukkaset, kissankellot
hiljaa soivat
kasvuunsa ryhtyvät

Katso silloin, kuinka sievä olen
varteni hento ja sininen
silmieni
heijastus taivasta vasten

Sen kaikkeuden lakeuden alla
syvin olemukseni
avautuu sinulle
valkenee kirkkaudeksi

Häikäisty onnesi edessä
sokeutesi väistä, iloitse
lintujen laulusta
konsertista, metsän puissa

Kyyhkynä kujerran
kuusen oksalla istuen, onnesta
elämän kerron
ja näytän sen kauneimman, lennon

Askelissa

Askelissasi kuljen elämä
kohti uutta, kohti, kohti, kohti
jotakin, josta vain osan aavistaa

Askelissa kuljen arkeni
tässä hetkessä, kohti seuraavaa
luottaen ja toivoen parasta

Askelia odotan tuleva
maltilla
on kaikella aikansa

Ei vihollista

Pelosta syntyy pakko
selvitä ja etsiä ratkaisua
löytää kadotettu rakkaus
usko elämiseen
ja sen tarkoitukseen

Kun on pakko nöyrtyä
katsoa kuvitellun sijaan todellisuutta
ja ymmärtää paikkansa
alkaa kasvu
kapinankin jälkeen

Sotahaarniska riisutaan
perhosen siipien lumossa
taistelu ja pelko voitetaan
hellyyden ehdoilla rakastaen
ei ole vihollista

Aikani loppuun

Iloa minä tallon suruksi
tai vähintään apeudeksi
    joka näivettää mieleni
muka pyhitetyin keinoin
rakennan ristiäni - suureksi
    saadakseni kumartua
alttarille
jota ei todellisuudessa ole
    on vain harha
    ja hymy, joka sammui
jo ammoin, ennen minua
kun taivas iski tulta
    ja osui
poltti pois ymmärryksen
joka jäi tuhkaan

Siinä astun nukkavieru
aikani loppuun

Hetkensä elo lakastuu

Eloansa moni murehtii
riipii, raapii päästä hiuksiaan
ei millään jaksa ymmärtää
että lopulta aina yksinään
täältä joutuu lähtemään

Lohduksi kutsuu vierelleen
hän oudot ja tutut kuvitteet
sadun kertojat, taikojen osaajat
pumpuliin hänet kietovat
kuin kultamitaleihinsa voittajat

Lempeyden vuorovesi
mieltä huuhtelee, ei patoja
enää luokseen tee, vaan
vapaina aallot kulkee, lopulta
huuliaan suutelee

Sammuvat tähdet
piiloutuu täysikuu
aurinko mailleen laskeutuu
on hiljaisuus ja rauha
sijalleen hetki lakastuu

Hyvän syli

Laula riemusta murheinen
tanssi turraksi surun tahrat
riennä ilosi luo kaihokatseinen
pilke onnen silmiisi nouda
  ole hetken kevytkenkäinen
  anna kelluvien tunteiden viedä

Lasi-ikkunan takana kauneus on
anna sydämeesi sen tulla, olla
osa sinua itseäsi edes hivenen
myötätuntoa, empatiaa, sovinnolla
  sulje apatian ovet
  avaa ukset onnellisen

Kääri itsesi onnen untuvaan
lämpöön sydämen ihanan tunteen
kellu joukossa pienten ja onnellisten
lennä kevyesti perhosten lentoon
  tarttuvat ilosi siemenet
  lähtevät runsaaseen kasvuun

Kuin kesäkukkanen kaunein oot
joukossa tuhansien muiden
hento vartesi kuitenkin on
hento ja taivasta varten, vasten
  lempeää tuulta taipuen
  myrskyt kaikkoavat ajatusten

Saanko

Saanko rakastaa sinua
elämäni vuodet, saanko
koskea syviin vesiin, sinne
tuntojen alkulähteille

Saanhan kuulla sinua
elämä, saanhan aistia
tulla tykösi sielu paljaana
iloita ja surra, kokea toivoa

Saanen aikaa, elää
ja tutkia, kuinka matkassa
kuljetan monia aarteita
kaikkia niitä saamiani taitoja

Saan matkassasi elämä, iloita
tuntea suuria tunteita, pienistä
nähdä kasvavan suurta, kokea
sisäisenä rauhana

Sain jo paljon, sain lapseni
heillä omat ovat polkunsa, matkat
joilla on suuntansa, määränsä
sukupolvien ketjussa

Saamme kokea tuulta ja myrskyä
lempeyttä ja auringon paistetta
yön hetkinä rukoilla, kohdata
hiljaisuutta, rauhaa ja lepoa

Maailman kujilta

Ensiaskelista tähän päivään
on pitkän pitkät vuodet
jotka lyhenevät aina uuden tultua
kuin olisi eletty jo

Mikä ihmeen hoppu niillä on
kasautuessa lyhetä ja vinhaan
pois kiiruhtaa, liki livahtaa
kun niitä alkaa muistella

Rakkauden kesät, niistä puhutaan
ja keväät, syksyt ja talvet unohdetaan
vaikka aina se rakkaus aiheuttaa
kaipuuta, lohtua, täyteyttä, surua

Hetkessä ajatuksesta hullaannun
kun näen sun,
    menee sekaisin pää mun ja
    menetän ajan tajun

Hetkeä

Hetkeäkään en epäillyt
olit pysyväksi suunniteltu
seisomaan omilla jaloillasi
kävelemään kohti uutta kaikkea
sitäkin turhaa ajoittain tärkeää

Löytäminen

Omansa edessä
on tiensä vaiheessa
moniselitteisen välissä, jossa
yritetään etsiä tasapainoa

hetkin olo on voimaton
    toisinaan uho suunnaton
koettava kaikki
jotta löytää suvannon

Toistuvaa

Toistuvaa
sitä minä kaipaan tunteitani avaamaan
muistuttamaan
    kohtaamisen tuomasta
    tuttuuden taiasta
jolla löydän uuden näkökulman
erilaisen kuin jokainen
    päiväksi syntyvä aamu

Toistuvaa
minä katson ja kuuntelen
sydämestäni rakastan

Matka jatkuu

Levotonta siltaa kuljen
levollisin askelin
ja ajatuksin
   kun eilen satoi lunta nukuin
   kun tänään heräsin oli sulaa
muistin
voin jatkaa levollisin mielin
ja odottaa
   jotta voin puhtaaseen lumeen
   nimen kirjoittaa
   ja piirtää enkelin
hänelle, joka maailmaa katsoo
ja siivin vahvoin kaartelee ylläni
kunnes
   matkaansa jatkaa

Syntymä

Kussa kuljen
siinä uudesti synnyn
kohtaan uuden itsessäni
löytämällä elämäni
salaiset piilot
joista sikisi syntymäni

Aidosti

Vain hetki matkaa tarkoitukseen
palaseen, jossa elämä täyttyy
tuo tykönsä odotetun
lähelle kuuluvan sisällön

Rakastaako pitäisi väkisin
kun aidosti nyt teen sen

Hyvää kaikki

Heikon hetken hedelmä
niin tai näin, todella
halu on elää ja kokea, kaikkea
vaikka sydän karrella

Kuultu on itkuvirret monet
lämmittävät kädet ympärillä
ja kylmän tien avara laaka
lakeuden jäätävät viimat

Nautinto on lämpöinen iho, paljas
paljaana vasten omaansa, uskoa
kaikki lorut ja lupaukset, tietää
ettei toteutuisi yksikään

On täydellistä elämä, lähellä
menetyksen uhkaa, tuhlaa usein
viimeiset voimansa, uskonsa
kaikki on sittenkin hyvää

Vangitsevaa

Vangitseva vapaus

Kaipaus mielen ulapalle,
jolla ajatus liitää ilman kahleita,
nousee korkeuksiin,
kohtaa täyttymyksensä ja
sukeltaa noutamaan onneaan
oivallusten merestä

Vangitseva hiljaisuus

Sydämen rauha ajatella
olla itsensä tykönä
sulassa sovussa
väliin suuntaa kysellä
metsäpolulla, sammalikossa
ja varpujen keskellä
puiden alla kuunnella
huokuvaa hiljaisuutta
lintujen laulua

Vangitseva kauneus

Valkoiset pilvet uimassa taivaalla
ennen oranssin hehkuista auringon nousua
ja huikeaa sinisyyttä avaruudessa

Tummuva yö täyttymässä tähdistä
varjot väijymässä kuun valossa

Heräävä tuulen riehu puiden latvoissa
tanssittamaan oksia ilmavirrassa

Kuuntelen tikan koputusta puun rungolla
näen kasteen pisaroina lukin verkolla

Kaunista

Oleva

Kun olevan hyväksyy, ymmärtää
ettei kaikkea tarvitse rakastaa,
enempää
kuin on kyky kantaa

Sydämeen

Korista mieleeni kauneus
luo valosi arkeen pyhä, valmis
astumaan askel edemmäksi
tulemaan tykö lähemmäksi
sydämeen asti

Jokaista askelta

Lumottu on maailma
ihana, ihana katsella
kuunnella sydämen lyöntejä
alusta, ensimmäisestä
matkan jatkoa, jokaista askelta
pienintä ja sitä suurta
omalla aikuisen lapsen polulla

Lumottu tunteiden leikki
rakkauden uskomaton vietti
jokaisena valvottuna yönä
unessakin aina läsnä, hyvä

Sinun matkasi matkassani kulkee
ohittaa vuosien rajat, ajat
etäiset historiaan piirtää, siirtää
sukutauluihin toden, eletyn
ja odottaa kutakin kohden

Kasvaa honka vuotensa
kohtaa olonsa ääret, kelottuu
runko ja aika, ihana lumottu
elämä, kaikki hyvän hedelmä
ikuisella retkellä

Aikasi on nyt

Taivutko kohtalon edessä
kuten puu lumikuorman alla
kumartuu nöyrästi kohtuunsa
maaemon kummun alla
syvällä juuret perimässä
ravintoa etsimässä, hiusjuurin
uutta kasvua synnyttämässä

Pienen virheenkö vuoksi
tuhlaat kalleimmat hetkesi
annat ohi kalleimmat lahjat
synkkään piiloonsa lymyät
pois lämpöä kokemasta

Ilon tuulessa riemu on suuri
kevyt, kaunis ja luojasi luoma
helkkää hyvää sun matkaasi
aika, elon mittainen uoma
katso rantoja, teitä, pientareita
niillä kukkivat elämän kukat
hetket kaikki ovat yhtä, kaikki
kaikki sisällään elon tärkeimmät jyvät

Rakasta, rakasta, on aikasi nyt
heillä toisilla, ohi mennyt

Uhattu unelma

Odottajan unelmat kellumassa
kohti onnen taivasta
kuin iskevä salama
vaara jäisellä pinnalla
on livetä ja satuttaa
ruusunpunaisesta tulla tahma verestä

Maailman laakea syli ei lämmitä
sen viimaa vihmoo kylmiä säteitä
valonsa epätoivoiselta piilottaa
kuitenkin odottamatta saattaa
auvoakin tarjoaa

Kietoo kohtuunsa tunteiden maailma
hyväilee hauraitakin harteita
saatat kokea onnea
surun viitan varjossa, kasvaa, isota
vahvistua
voimassasi esteet kadota

Uusi elämä

Lempeä, rakkautta hamuaa
elolliset lisii täyttyy maa
täyttävät lajit uskottua tehtävää
kylvää, niittää, uutta itää

Huuma sylien soi keväässä
virittää kutsulaulut, tanssit
soilla ja metsissä, turuilla ja toreilla
vuoteissa
hiljaisuutta riisuu, uusi elämä

Suvituulet lempeät saapuvat

Muistot aarteita on

Muistot ovat astinlautani
uutta nähdä ja kohdata
sitä rohkeutta tuomassa
jolla uudet ovet avata

Jätti eletty jälkiä jälkeensä
ei kaikkea ehtinyt syvemmin miettiä
ja nyt se on mennyttä
kokemus ohjaamassa reittiä

Kuuntelen sateen kertomaa
kun tuuli pilviä kuljettaa
uhmakkaita massojaan liikuttaa
meri hyökyen saapuu rantaan

Muistot tallessa
sua rakastaen
kuljen eloni tiellä
aarteinani muistoja on

Josko sittenkin

Silmuista toivon uskoi syntyvän
rohkeuden uuteen parempaan
kun tuhon piina alkoi rusentaa
piti reitille vapauteen suunnistaa
uskoa polun johtavan oikeaan

On karu kulkea pakoon itseään
moittia,
   soimata,
      syyttää,
         itkeä,
kirota epäonnea,
            syntymäänsä
kun kantaa
kärsimyksen kruunua itsellään
itsetunnon katoa
   riistettyä vapautta
   alkaa peloissaan
syytellä, kohtaloa

Katsoo heräävää huomenta
josko sittenkin toivon silmuista
kasvaisi pelastavia rauhanlehviä
   josko sittenkin

Sydän sanoo

Sydän sanoo sen
löytää omantunnon
avaimen
jolla ystävyyden ovet
avataan ja
avoinna pidetään

Vähä riittää

Se vähä
riittää minulle
paljoksi

Ehkä jopa
liiaksi

Yltäkyllän aiheeksi
josta siitäkin jää
jotakin

Tähteeksi

Tarpeeksi
vähän
riittäväksi

Kun mitään ei ole
sekin on riittävästi
ensiapu

Kun muuta
ei ole

Sanoista

Sanoin
sanoin koristelen elämääni
lausein selittelen sisimpääni
tarinoiksi muuttuu kokemani
jälkeen jäävät hokemani
sanoin selittyvät tekoseni
tavutukset etsiytyvät osakseni

riimit sain mä ristikseni
hokemat huvikseni
haiuiksi lyhyet lupaukseni
sanat sanoina kuulen
    ajatuksina muotoilen
luulen kaiken kuulevani
eniten hiljaisuudessa
sanoin

Pois pilattu

Kasvamme kasvumme,
    alati opimme,
väliin sorrumme yleistyksiin,
toisinaan oikein ei ole mikään niin,
    hieman toisin,
on vinkkeli,
sitä vastaan mieli taisteli,
    ei hemmetti,
syntyi uusi kontrahti,
kirjoitettu sydän verellä,
    rallattelu markkinaraoissa,
otsikoissa silattu,
            pois pilattu
uuden kasvun alku, polku
teoriaan unohdettu
ohi tallattu,
    harhaksi muutettu, havaittu
oikaistu, tuhottu
jotta syntyisi uusi alku

Sinä pyhä

Pyhä
pyhä olet sinä
arjen sankari
    itkusi mittainen
    ilojesi kaltainen
täydellinen, sellaisena
kuin olet,

olet kestävä ja hauras
hymy ja paiste
lämpöinen mielenvire

pyhä sinä olet
arkieni sulo

Itsetutkintaa

Kujaani juoksen
kuvajaisia
varjoja karkuun

Tulee seinä vastaan
    ei
kun minä sen luo

Kiipeänkö yli
vai kierränkö ympäri
on tehtävä valinta

Mitäpä jos
kaadan sen kumoon
hävitän entisen

Pääsenkö varjoja karkuun
    en
vain itseäni pakenen

Siispä
pysähdyn hetkeksi
kohtaaman toden

Pilvien alle piiloudun
    olen
itselleni armollinen
Katoavat varjot, kirkastuu huominen

Matkalla perille

Elämän riippusilta
täynnä uhmakasta rohkeutta
notkuvaa lujuutta, tahtomatta
vieritettyjä syitä selvitä

On pakko, kun ei muuta voi

Uteliaisuus herää pelosta
askelten epävarmuus
katoaa uskalluksessa
yli on päästävä

Huojuva silta ainoa tie yli

Ei oksia tarttua ylhäällä
ei lujaa maata, jalkojen alla
vain syvä tuntematon
käsin kaiteisiin tarrata

Jokainen askel vie kohti

Elämän notkuva silta
tarjoaa haasteita, sovitella
askeleita, koetella uskallusta, jatkaa
matkaa, toiveikasta oivallusta

Lopulta perillä, rauhassa levätä

Taivas

Yltääkö ajatus
tähtien yli
riittääkö ymmärrys
loputon on taivaan syli
kutsuvia ääniä
ja valoa täynnä

Aikani

Olet aikani
eloni haurain kukka
pian pois kuihtuva
aineeton lopulta

olit aikani
ohi kiitänyt eloni
osa ikuisuuden
vuosien merta

Jälki

aika perhon lailla liitää
kieppuu, keikkuu, kiitää
hymyssä hetken häive
lämmin muiston jäänne

Kaunis jää

Olen niin kaunis
kaunis ja hauras
luja kuin jää

sen ainoan hetken
sulava jää
on tätä elämää

olen kaunis
olen herkkä
olen sulava jää

Tässä

Kuljen aina kohti
vaikka askel vie pois
koetusta uuteen
siirtyy yhdistyvä tieto
tietoisuus merkityksistä
kohdatessa uusi .

Ajalla ei ole merkitystä
se on loputon tässä
sisimmässä yhtenä
tätä päivää ja tulevia varten

Kokemus

Hiljaisuuden voi ymmärtää,
jos siihen mukaan uskaltaa,
pintaa pinnan alta kurkistaa,
voi aavistaa
on harhakin kokemusta oikeaa
se mieltä ohjaa, johdattaa
löytämään toisenlaista maailmaa
joka omaamme muistuttaa

Lohtu

Hukassa on kaikki
kadotettu usko ja toivo
periaatteet

Viehtymys turhaan
on vallannut mieleni
sillä itseni murhaan

Karkkikaupan portailla
on vielä yhdelle tilaa
lohtusuklaa, suussani sulaa

Hyvin pieni runo

Runoni on lyhyt,
suuri, kuitenkin hyvin pieni
  mutta ehyt
kuin pyhäkoulutieni
lapsen askel kevyt
  piirtynyt sydämeeni

Jotain muuta

Olemisen ihanuus
avaa oven uuteen aamuun
vaikka hankaluuksia on, selviää
    ehkä kipuillen
hyväksymällä itsensä
sellaisena kuin on

Ei tarvitse olla
prinssi tai prinsessa
jotta voi elää onnellisena
    ilman ikuista ruikutusta
ihan tavallisena
uroksena tai naaraana

Ja onko väliä
jos onkin jotain muuta

Onhan sillä
itselle

Hukkaan

En joutanut
oli olevinaan kiire
  ja niin kuluivat
hetket tuhlatut,
tärkeilyn viive
  hukkaan valuivat
toiveet ja unelmat
turhan haluttu liike
  pettymykseksi tulivat
hamutut ja halutut
tarttumaton viehe
  saalis, jota ei tullut

Riensin

Riensin sua vastaan
auvoinen aamuni
sukelsin sumuiseen syliisi
usvaan kuin ajatukset omani
nähdäkseni
kuinka kaikki kasvaa
kasvaa suureksi
tunteet, muistot, haaveet
turvamuuriksi, pakopaikaksi
hylkäämisen katseilta
sydämen kodiksi
omaksi
vaikka tyhjyyttä seinät soisi
on se musiikkia korville
vaikka vain vähän valoa oisi
se riittää minulle
koska lupausta lunastan
olla jatkumo ketjussa
sukujen saatossa kohti ikuista

Eilisen vuoksi tänään

Eilisen vuoksi minä elän
tänään, huomisen vuoksi nyt

on aikani mennyt, tuonut
ne vivahteet ja sävyt
joihin olen kiintynyt

on tieni yksi vaellus
tapa kulkea edemmäs
lähemmäs

elämän kalliosta kasvaa
pieni ilo, turva katsella avaraa
ohi ja ylitse, kauas

valkeat siivet, pilvet
vuoret, heijastuksen hiljainen
lepo, seurani ulapalla

valkean purren purjeet
kotiin matkalla

Rauha

Kuja läpi
hiljaisuuden uhkuvan voiman
    pako pimeydestä
    kohti toivon valoa
muurien suojassa
katseiden tavoittamattomissa
    piilossa
jopa omilta ajatuksilta

peitin hiukseni pehmeällä liinalla
    suljin suuni, ensin
    kuiskaten kerroin
        olen yksin

kuljit kujani ohitse
    sinulla oli kiire

et enää minua tavoita, löydä
ei kujallani ole valoja
ei ovia, joista käydä

Olin yksin

et enää minua tavoita
on hiljaista
hiljaisuudessa rauha

Kasvu

Katveessa kasvoin
ison elämän varjossa
nyhtäen sen vähän
tinkimisen jälkeen
jäljelle jäävän

Hyvin selvisin kuitenkin
löysin vähästä paljonkin

Ja lopulta
kun iso varjo väistyi
uuden väylän
*   elämä tarjosi*

Tehtävä

Menin
kun oli mentävä
ilman pakkoa sen tein
kun tuntui oikealta

Yhä kuljen ja menen
vaistojeni pieniä polkuja
suorittaen tehtävääni
elettäväksi annettua
elämääni

Sinulle kerron
että parasta on
olla ikuinen lapsi
suuri hämmästys ja
ihmetyksen aihe
kuin jokellus ja
ensimmäinen sana
jolla hurmata
jokainen päivä

Kosketukseni on kevyt
ja kestää
sen hetken
joka on suotu

Uskallus elää

Uskallusta kuljetan
piilosta esiin usutan
viekoittelen

Piirsivät viisaan rajan
julistivat poikkeus ajan
jokaiselle turvamajan

pysyä
sisällä
piiloutua

Kevät tulee keikkuen
räntäpilviään kuljettaen
yli rajojen, pian sulaen

Luonnon oma viisaus
kasvattaa
luonnollista poistumaa

Tahdon uskaltaa
totella ja oivaltaa
lumoutua yhä uudestaan

Elämästä elävästä
keväästä

Syntyi kirja

Syntyi tarve
    sanoa kirjoittamalla
syntyi halu
    kävellä kilometritolkulla
syntyi kuvia
    muistiin merkintöjä kameralla
syntyi kirja
    sanoja ja kuvia käyttämällä
syntyi kosketus
    elämän kosketus ystävien avulla

Avoin

Avasin
oven

avasit
sydämesi
ilot
ja
surut

nyt
soivat
minussa
tunteitteni
urut

Ukkopaha hymyilee

Kuljen kipujen kiikkulaudalla
huomisen portaita etsin
   lipeän,
      kiipeän,
         ponnistan
sen uuden syntymään
   josta sekoan
onnekkaan humalaan

Onhan elo
pelkkää sattumaa
tarkoituksella tai vahingossa
   aikaan saatua
      jatkuvaa kisaa
joka pistoksillaan puuduttaa
lamaannuttaa
lannistaa

Itku ja ilo rinnakkain
surun kohtaan varhain
hymyn, kun olo on parhain
   olen ukkopaha, mutta
   onnekkain

Ajassa

Minun katseeni
näkee historian
ajan menneessä eletyn
ajattoman

Kuulen vuosien huminan
kaiun vaimean
kutsuvan
rajojen takana

Piirsi aika kuvansa
uursi jälkensä maahani
kuljetti veljeni, siskoni
kotiin luokseni

Lempeästi aika
lähettää kutsuja
syntyä, elää, kuolla
historiaan kadota

Onnellinenko

Pelottavaa kuunneltavaa
moni kavahtaa
kunnes uskaltaa
silmät avata ja kohdata
vastuksensa arjessa

Pieniä ovat murheet
turhia monet askeleet
hämäystä surut piilossa
itsesäälin katveessa
syntynyttä haurautta

Käsikynkän tarvitsee
meistä jokainen
lämpimän katseen
ja sanoille kuulijan
sydämen avaimen

On hyvä tietää, muistaa
ettei kaikki kultainen
ole hamuamisen arvoinen
arvokkainta on
aidosti kokeminen

Itkeä

Menetettyjä
ovat
ohitetut
mahdolliset
hukkaan heitetyt
odotetut
mahdollisuudet
tilaisuudet
lausua
sanoa

Jää jäljelle
yksi

mahdollisuus
katua
loputtomasti
katua
menetettyä

ja itkeä
surkeasti
itkeä

Vapaana

Huoli
on osani
osa elämän omenaa
haukattua
kiellettyä hedelmää
onni
jossa uin
syvällä

Onni
on hetkeni
kellua
taivaan sinessä
sen alla
sinisissä hetkissä
kevyenä
tuulessa liekkua
ja olla

syvällä
jossakin

.Mahtavaa

Mahtavaa
aivan mahtavaa
*   joitakin asioita*
ei ikinä voi unohtaa
vaikka vuodet
kokemuksia haalistaa
*   ennen muistikatkoja*
*   ja dementiaa*
on monta hetkeä ihanaa
*   usko vaan*

Hetkien taika

Hetkissä
on elämän salaisuus
taika
täynnä elämyksiä
jota eivät luo taikurit
   hetket tulevat
     ovat
       ja katoavat
jättävät muistot pysyvät
ajan myötä haalistuvat

Mennyt

Sinua katson
mennyt elämä
sydämiksi rispaantuneet
verhot akkunassa
tuntien
suurta rakkautta

Kaikkeus

Luettu rukous
kuin runous
muotoonsa puettu
pyhäpuku

Hivelevän kaunis
saattaa hiljaiseksi
mustavalkoinen
totuus

Rusetti
somasti solmittu
sulkee lahjaksi
piilotetun

Avaan
rakkautemme
yhteisen
kaikkeuteen

Kirkkaus

Kirkkaus
häikäisevä kirkkaus
ja lämpö
se täyttää sydämeni
kuin kiitos
jota sain sinulta ystäväni

Lempeys
lempeytesi kohdata
surun varjo kannoillasi
tämä päivä
ja sanoa
tahdon
nähdä kirkkauden tulevan

Kuin siipirikko lintu
ajatukseni
lentävät vaappuen
tykösi
ja yritän ymmärtää
sädekehäsi
kirkkaat suloiset
ilonkyyneleesi

Tullut on aika
laskeutua syliisi

Ajatusten taakse

Istun ja itken
nousen itkuni matkaan
    kiipeän suruni vuorelle
katsomaan kyyneltynein silmin kauas
jotakin - ajatusten taakse
piilotettua viisautta

Älä itke sydämeni
    älä murehdi suotta
        poimi mukaan toivo
            ota matkaasi
                lempeyden kuorma

Katso kauemmas
nyt jo kirkkaammin silmin
kuuntele sydäntäsi
joka halajaa matkaa puhtain siivin

jää suruni,
    kiipeää kaipauksen kyytiin
        kuljettaa rakkaita muistoja
            hymyksi murheetkin vaihtuu

Kuukahtaa

Kauniina näen maailmani
polut, niillä viipyvät askeleeni
    mittaavat matkaa, kotiini
tunnen uudeksi syntyväni,
    palattuani
saaneeni vastauksen unelmiini
keskentekoisiin puuhiini

Iän rassaamat nivelet
matkaväsymyksestä vihlovat
    hymyn kasvoille
levossa taikovat, ah onnea
taas jaksan, huomenna

muistella polkua, suurten kuusten alla
kelojen kalliota, sammalta sen harjalla
    pehmeää alustaa
ajatuksissaan istahtaa, katsomaan alas
mustikkakankaiden kukintaa
    ja kuunnella
käen tauotonta kukuntaa
    sydämen lyöntien
levollista rytmiä, kunne nukahtaa

Kasvoin

Kasvoin
kirkkain

kertoi
loruili

ajatusten kannet avasi
ymmärrän, että arvasi

syrjään
sivulle

vievät
juttuni

hän hymyili arvoituksellisesti
kasvoin kirkkain kuin enkeli

merkitsevää
minulle

kasvaminen isoksi

Rukkoilla pittää

Kahtottu on paikat
kojettu kovat ja pehemiät
rukkoilla pittää lujasti
kahtua uskomata kahesti, ainaski
ko vuojet piirti urat naamaasi
katuaa kaunis ja komia, loputki
on ennää pelekkä hoipertelija
nojjaamasa rollaattoriisa

Kahtottu on paikat kojetut
kuunneltu juorut, jutut hojetut
rukkoilla pittää silti lujasti
ko kahtua käskettiin perrääsi
hymmyillä ja sanua koriasti
Päivää rovasti
rukkoilla pittää kovasti
juuaanko kahavit lopuksi ja
syyvvään yks pipari

Kun on aika

Ajaton minua kutsuu
ajaton
    rajaton aika
ääriinsä kurkottava
    tahto
tietää
mitä on tulossa

Poutapilven matkaan
tahdon lähteä
    kirkkauteen
kevyesti lipua ja
katsella korkealta
    elämän menoa
veden kohinaa kuunnella
herkkää liplatusta
    yön tyventä
varjoja kuutamossa
luodolla
    yksinäistä
istumassa nuotiolla

Saapukoon
    sisäinen tyyneys
        ja rauha
jotta voin arjesta iloita
pystypäin kaiken kohdata
vielä
    kun on aika

Rauha

Me kuljemme tien
sylit auki syntyin
monin askelin riennämme
etsien, löytäen, rakentaen kodin
saattaen piltit maailmalle
vaan lopulta
matka vähäänsä päätyy
kutsu käy, tulee hiljaisuus
tyven asettuu tykö

Syliisi laskeutuu suven rauha

Hän lausui runoni

Hän lausui
hän lausui runoni julki
minä hämmentyen kuuntelin
sanojani
joita saatteli uusi ääni ja tulkinta

Tarinaan syntyi uusi kehys
hiljaisten kirjainten
esiin nostettu äänimaisema

Hän lausui
hän lausui runoni
nostaen pintaan tuntoni

Jossailen

Vielä kuljen matkaani
etsin tietä, polkua,
kulkua luoksesi

En näe kuuta
en aurinkoa, ovat
tähdet oppaana matkalla

Usein tuumailen, jossailen,
emmin, josko
sittenkään on oikea tie

Tuulenvinkka hiuksissani
kuiskii, vääntää,
kääntää miljoonat ajatukseni

Kuitenkin vaisto sanoo,
kertoo, toivoo
kyllä askelet viimein perille vie

Riippakoivun oksissa urpuja
pieniä pieniä kukintoja
ja kirkas kastepisara
kimaltaa tien viittana
auringon noustessa

Olen oikealla polulla

Elämän mysteeri

Elänkö kun kuolen
sillä kuolen
kun olen elänyt
riittävän kauan

Pehmeä höyhentyyny
lämpimänä poskeani vasten
kuin hellyyden suloinen kääre
empimättä vastaan otettu
nautittu, koettu

Yö yön jälkeen sikiää rauha
sieluni sopukoihin pieni oivallus
vähän suuresta merkityksestä
elämäni arjessa

Nyt elän
kun kuolen
elävät sanani

Kaivat aarteeni pöytälaatikosta
ja ehkä muistat, miksi kirjoitin
ja mitä tarkoitin

Höyhensaarella on aikaa
sukia enkelin siipiä

Omaansa uskova

Ikuisuuden arpi otsassa
vuotaa tietoisuuden mettä
kuin hunaja se houkuttaa
saapuvaa suurta ihmettä

Se kietoo paulohinsa kohdatut
valaa uskoa sisäisyyteen
kultaa ajatukset pitkään salatut
hautaa turhat menneisyyteen

Iäti kasvaa kilvoittelu
jahtaa mielipahan tavoittelu
onnea omaansa uskova
jää ilman iltarukousta

Miksi meni

Mä mietin miksi
miksi tänne jään
kun muut jo meni
meni pois
lensi etelään

Mä mietin miksi
miksi niillä siivet on
ja miksi itse
olen neuvoton
kun yksin jään

Mä mietin miksi
miksi toiset muuttaa
tuntee itsensä paremmiksi
mut minä yksin
unta siitä nään

Mä mietin miksi
miksi tätä tässä pohdin
hyvin tiedän että
tällä kohdin
onnellisempi oon

Yhtä riemua

Jokainen sen kai ymmärtää
ettei ilman kokemusta ikävää
voi elää kokonaista elämää

Aina ei naurata
ei jaksa edes hymyillä
ollaan totisina pakon edessä

Lähes itkua vääntää
kun kipu niskaa jäytää
iskee salamoita
kun päätä kääntää

Mutta ah auvoista oloa
kun on aamu ilman kipua
soittavat sirkat viulua
ja kuuntelen lintujen laulua

Elo on yhtä riemua

Välönen

Runouteni risuaidassa
on rako
tuulenkäyvä välönen
iskeä tarinalle muotoa
panna ahtaalle
pursottaa yksi perhanan
värssy lisää taivasteltavaksi
synnyttää
loru kuin keskoslapsi
tekohengitettäväksi
ihmeteltäväksi

Runouteni risuaidassa
on rako synnyttää
panna ahtaalle sanat
tavutettavaksi

Niin syvä

Istahdin tarinakaapille
ja kaappasin itseni runolle
lukemaan mielen tuotoksia
syöksymään hetteikköön
jossa on vain yksi suunta
hukkua

niin
S
Y
V
Ä
on sanojen suo
ettei sieltä heti nousta

kun ajatukset liikuttuvat
ja vellovat uuden kaaoksessa
mietin, pitikö tähänkin ryhtyä

Jaloa

Jaloa runoutta
sanojen suloutta
rytmiä, poljentoa
vahvaa ja hentoa

Maalaavat sanat
mielen ja maisemat
kiipeävät yli
aidat, mäet ja jyrkät

Kaikuna kiirivät
hellät ja riipivät
sanat koskettavat
lauseet kohdistuvat

Säkeet selvimmät
mietteet julmimmat
pehmenevät
anteeksi pyytävät

Minä ajattelija

Matkat soittavat tuntojen kelloja
siellä kaukana alavien takana
ja täällä, niiden edessä
olen minä, ajattelija
mukanani muistojen kuorma
täydennetty uskon vahvuudella

Vahvuus

Vahvuuteni löysin,
erotun,
valosi
mahdollisti sen

Joka ilta

Joka ilta
jätän päivälle hyvästit
talletan hetkien
kokemukset aarteiksi
sydämeeni

Joka aamu
herään uskoa täynnä
ja matkaan kevyin askelin
uuteen päivään
jotta näkisin
iltani

Seison laiturilla
tyytyväisen miehen elkein
seison ja katson
kauneutta ja tunnen
kuinka se täyttää
maskuliinisen mielen

Onneni on ajan virta
jokainen aamu, päivä, ilta
jokainen hetki
tämäkin
koettuna laiturilta

On kirjoitettava

Liekö elämässä
mitään järjellistä
syytä
vihata tai rakastaa
kuljettaa syyllisyyden kuormaa
vailla todellista pohjaa
pelätä
jos sisäinen palo
ei jätä rauhaan

On kirjoitettava sinulle
runo,
kirje,
kertomus
tai tarina

On, kuljettava kohti
kohdattava
sanottava
tunnusteltava
tunteensa

Vähä

Taiteessa vähä muuttuu paljoksi,
varjo sielukkaaksi kuvaksi

Omalla polulla

Itsensä näköinen
elämä
ei tarvitse ketään
matkia
ei kadehtia tai solvata
vain elää ja
sovussa matkata
joku sanoo
onpa helppoa
toinen
aivan mahdotonta

Olet aina omalla polulla
vastuu on sinulla
itsellä

Yhteistä

Onnellisia aallot
sinua kantaessaan
saattavat mielesi tyyntä
kohti ulappaa

Onnellisia pilvet
sateesta raskaat
katsovat lumoutunutta matkaa
paluuta kotisatamaan

Onnellinen sinä
kesän ja syksyn lapset
arjesta tehden taikaa
yksin ja yhdessä
yhteistä aikaa

Sinfonia

Onni ovat vuodet muistoinensa
eletty elämän värikartta
ajan sinfoniaa
duurissa ja mollissa

Muunnelma kaksi

Yöhön hiipivät hetkeni
kepeästi heräävät aamuuni
päivänsäteet

Iltaa odottavat tyhjät kadut
vapaana varjoista

Kauniita ovat ajatukset
yksiin kansiin sidottuna

pimeästä nousee hämärä ja valo

paatos, sielukkuus
kauneus, rumuus
heikkous, voima
rakkaus ja viha

Kosketa kevyin sormin
jotta muistaisin
etten unohtaisi

Elämä

Katoaa lapsuus
edestä nuoruuden
kasvaa hetken kukkien
sadon korjaa aikuinen
lopulta pois hiipuen

Kaunein näky

Mieli kuin lasinkirkas aamu
kastepisaroista koottu kruunu
joista otsallani yksi

ilonkyynelen kimallus
poskellani

On aika
nähdä,
joutaa,
joutua, äärelle
kauneimman näyn

Sataa
tuhansia pisaroita auringon valossa

Kaikki on mahdollista

Yksinäinen hiljaisuuden hetki
kuin luotu ajatusten lentoon
matkalle villiin kaukaisuuteen
mielen satuihin,
seikkailemaan poluilla,
joilla ei ole valmista suuntaa,
jossa kaikki on mahdollista.

Tuleni palaa

Sisäinen tuleni palaa
en sitä salaa
vesille mielin melomaan
avaruuden alle yksin

Tähti olen,
tähti taivahan alla
kuulas syksyn aavistus
taitettu melomalla

Tuleni palaa
sydämeni halaa, halajaa
melojaa vesiltä palaajaa
palaavaksi

Lähes varjoton

Huomasitko harmaani
sinä ohi kulkeva armaani
vierustallani katsoit kuvaani
varjoa sen hetken

Seinustalleni kasvoin
valosta muotooni jalostuin
ajatuksistasi kiinnostuin
kuvaksi seinälle hakeuduin

Olin hetken synkeä varjo
kunnes kukkaan puhkesin
hennossa tuulessa heilahdin
nuppuni sinulle pudotin

Hetkeni valmis on
olen jo lähes varjoton

Varjojen leikit

Lempeä valo
piirtää valjua varjoa
sydämeni huoneessa
kaipaan kirkkautta
selkeitä hahmoja
kuvajaisia, varjoja
seinille ja kattoon
lapsuuteni satuhahmoja
kuin pilviä taivaalla
joissa saattoi nähdä
iloa ja onnea
myös tummaa pelkoa

Kynttilä palaa lyhdyssä
hiljaista rauhaa ympärillä

Seinällä lukki ja seittinsä
punomassa omaa onnea

Ajatusteni venho

Oi miten korkealla olet
taivas pilvinesi
käy purteeni hento tuulenvire
uin ulapallesi
kiitää ajatusteni venho
kaukaiseen horisonttiisi
siellä olemme yhtä
pilvet yhtyvät kuvajaisiini

. Sielunportit uusiksi

Heiluttaisinko sotakirvestä
veistelisin sielunporttini
karmit uusiksi, leveämmiksi
väljemmiksi antaa anteeksi
niille, joilla on kiivas tahto
astua varpaille, tahallaan talloa
kulkureittiin harhautukseksi
vääriä uria

Eihän se viha ketään kasvata
tekee toki tilapäisesti hyvää
kun voi sitten riitansa sopia
ja sotakirveensä haudata
ja elää hetken rauhassa

Irti arjesta

Vielä hetki, odota
anna kätesi, kurkota
pyri korkealle
täältä alhosta, kunnia
kuuluu voittoisalle
glooria
nyt vailla huolia
huutaa vapautta keho
irti päässyt kivuista
huolten arkisesta taakasta

Unelmilla on siivet

Unelmilla on enkelin siivet
suuret, kantavat, valkoiset
ne rauhoittavat, tyynnyttävät
pelkojen virrat viileät
uskoa luovat parempaan
toivovat, luottavat, kiittävät
siirtävät syrjään murheistaan
kuin pahaa ei olisi ollutkaan
unta ainoastaan

Joutilas varsiluuta

Voi kun saisin
elää
voi kun en olisi
enää
kuihtuva, laiha rumilus

kuin varsiluuta joutilas
harvenneet varvut otsalla
ruohonkorsia hiuksissa
ja syvät urat ylähuulessa
mutrussa
kuin koko elämä

voi kun saisin
olla
voi kunpa olisin
ollut
itselleni armollisempi

Sinä siinä

Sinä, sinä olit siinä,
sinä, jolle
taitoa kirjoittaa jaettiin,
olit siinä
kun sait uskalluksen nähdä
ja sanoa, kuinka sivulauseet
kulkevat pilkutettuina lävitse,
kuinka tuoksut tuntuvat
nenässäsi
ja nuhatippakin muuttuu
ajatukseksi, josta haluan
tietää ja kuulla tarinan,
olisiko liikaa pyydetty,
että jatkaisit, kirjoittaisit
minulle
senkin, kuinka muste loppui
ja sulkakynä
vaihtui taplettiin, mutta tarina
jatkuu, tallentuu pilveen
joka ei nähteni taivaalla ui,
on vain sanoja, kuten ajatuksia
kevyitä, toistensa lomassa
ja ne raskaat päivät lopulta
kylpevät kirjoittamisen ilossa.

Elämää voi rakastaa

Kepeä mieleni hyrisee
naurua lauluksi tapailee
duurin ilakoivaa sointia
silkin sileää vointia
helppoa ja puhtoista

Oivallista on uskotella
pettymysten jääneen taa
sievistellä, rohkaista arkaa
iloitsemaan, tuuristaan
ehkä jopa onnesta

Tiedät, että
elämää voi rakastaa
liian moni sitä parjaa
kiroaa
luopuu unelmistaan

Rakkaudesta

Ei rakkaus aikaa katso
se palaa roihuten, palaa, salaa
kulkee vierustoilla seinustojen
kätkeytyy piiloon pimeyden

Sielun miekkaa polte terottaa
kytee tuska, halu, rinnassaan
uhmaa tuntien tahtoo valloittaa
vaikka toisen on, tahtois itse omistaa

Runneltu on mieli epätoivoinen
veitseen tarttuu käsi, sydämeen
tahtoo kaiken, vaikka vain hetkisen
yhden, kenties sen, viimeisen

Katoaa maa, taivas odottaa
korpit puissa, istumassa latvoissaan
hiljaa huokaa maa, kutsuu, tahtoo
unohtaa

Pieni olen

Pieni on maailmani
suurten silmin katsottuna
pieni olen ihminen
pieni, kovin pieni olen

Pienenä ajattelin
että isona olen suuri
kaikki tietävä, sitä juuri

Vaan paljosta vähän opin
en isoksi kasvanut tovin
yhä mielessäni olen lapsi
avuton, jään yhä neuvottomaksi

Isona, liki vanhana ajattelen
mihin vei aika järjen
mihin rohkeuden, johon tahdoin
yhä pilttinä päivääni katson

Voiko olla

Voisiko elämän syli laajempi olla
kuin ymmärrys johon tarraudun
Hipiääni katson kuin kuvaa
jossa on kehys näkymätön
Niin kai aina, niin kai iäti,
vähän käsittää voi eloton,
mikä elämisen onni on
Viekö aika pois vai tykö,
arvoitus, se on,
totta kuitenkin lohtu, lohduton
Matka jatkuu, kunnes ohi on

Lentää pois

Yksi hetki
yksinäisen kaipaus
syvä tuskainen hiljaisuus,
väkevä itku
kyyneleet
kirkkaina vierivät
huuhtovat murheeni pois
varjoista erkanee
vapauden hetki
siivet saa kuin enkeli
lentää vois, pois
kiikkumaan pilvien reunoissa
katsella
maan matosten menoja
vielä paikalleen jää
tietäen
vielä ennättää

Hyvän sait

Hyvän sait
huonomman valitsit
kohtaloasi surit, itkit
minulta lohtua hait

Armoton on maailma
elää, surra ja iloita
pitäisi olla vahva
aina kaikkeen valmiina

Valintoja pohdin
sattumiakin
väkisin
joistakin jopa iloitsin

Vaikka hyvän sain
huonomman valitsin

Enkeli kello

Sydän täynnä tunteita
hiljaisia odotuksen väreitä
toivoa, iloa,
perhosia ja enkeleitä
muistoissani säilyneitä

Huurteisen puun juurella
jäätyneitä kukkia
posliinienkeli soittaa kelloa
tuulessa, kuuluu vieno kilinä
vasten muistokiveä

Kultaiset kirjaimet himmenneet
kiven pinnan sammaleet
toistavat
laskevan auringon säteet

Tahtoni

Jyrisen kuin ukkonen pääsi yllä
tai koski, jossa uivat lohet vaiti
kurjet matkalla pohjoiseen
vaan minä yksin jäin paikoilleen

Satavat pilvet vetensä, rakeensa
iskevät salamat tulta, kuvajaisia
vetävät puoleensa sulat rannat
lipuu pois vene täynnä muistoja

Kirjoitan kirjeeni sinulle, vain
sinulle, minä sanani osoitan
kaikki tunteeni edessäsi avaan
ohi menneeksi aikamme oivalsin
siispä matkaamme pois, kumpikin

Vuorten yllä pilvet leijuvat
toinen toistansa vasten, kohtaavat
samat aavat, samat laajat avarat
merten selät, metsät sankat
suot ja suistot veden valtaamat

Niin käy rantoihin vuoksi ja luode
niin ilta, yö, aamu, päivä ja aika
sulkee meidät huomaansa
voi meitä, meitä on kaksi, monta
katsomassa tulevaisuutta, rannatonta

Nähdä

Taiteen portailla on
tulkinnan väkevä portti
jossa aukeamaton arvoitus
kohtaa voittajansa
mitalitta löytää kokemisen tuskan
riepottelee arkoja
teorian tornien juurella viskoo
pyhäänsä palvovia
horisontista toiseen
Laula ja maalaa, muotoile
uusi käsitys ja sanoin koristele
näyttele liike
tunnista tunne
kritiikki vasten kasvoja iskevä
myötätuulessa taputeltu
taidoksi muokattu
imaise
sisääsi muheva suon tumma
mehukas turve ja hehkuvat
pursujen kukinnot
koe kypsyys kohdata ja iloita
riisua suomut silmiltä
nähdä rumaa ja kaunista